shule - قوتابخانە	2
usafiri - سەفەر	5
usafiri - گواستنەوە	8
jiji - شار	10
mazingira - دیمەن	14
mgahawa - ڕێستورانت	17
dukakuu - سوپەرمارکێت	20
vinywaji - خواردنەوە	22
chakula - خواردن	23
shamba - مەزرا	27
nyumba - ماڵ، خانوو	31
sebuleni - ژووری دانیشتن	33
jikoni - چێشتخانە	35
bafu - حەمام، ئاودەستخانە	38
chumba ya mtoto - ژووری منداڵ	42
nguo - جلوبەرگ	44
ofisi - نووسینگە، فەرمانگە	49
uchumi - ئابووری	51
kazi - ئیشەکان	53
zana - ئامراز و کەرەستە	56
ala za muziki - ئامێرەکانی مووزیک	57
bustani ya wanyama - باخچەی ئاژەڵان	59
michezo - وەرزش	62
shughuli - چالاکیەکان	63
familia - بنەماڵە	67
mwili - جەستە، لەش	68
hospitali - نەخۆشخانە، خەستەخانە	72
dharura - ئورژانس، بەشی فریاکەوتن	76
dunia - ئەرز، زەوی	77
saa - کاتژمێر	79
wiki - هەفتە	80
mwaka - ساڵ	81
maumbo - شێوەکان	83
rangi - ڕەنگەکان	84
kinyume - دژبەرەکان	85
nambari - ژمارەکان	88
lugha - زمانەکان	90
ambao / nini / jinsi - کێ / چی / چۆن	91
wapi - شوێن	92

Impressum
Verlag: BABADADA GmbH, Nedderfeld 112 , 22529 Hamburg
Geschäftsführer / Verlagsleitung: Harald Hof
Druck: Books on Demand GmbH, In de Tarpen 42, 22848 Norderstedt

Imprint
Publisher: BABADADA GmbH, Nedderfeld 112 , 22529 Hamburg, Germany
Managing Director / Publishing direction: Harald Hof
Print: Books on Demand GmbH, In de Tarpen 42, 22848 Norderstedt

1

shule

قوتابخانە

kugawanya
دابەشکردن
186/2
ubao
تەختە
sajili
پۆل
mwalimu
مامۆستا
karatasi
کاغەز
kuandika
نووسین
kalamu
پێنووس
dawati
مێزی نووسین
rula
خەتکێش
kitabu
کتێب
mwanafunzi
خوێندکار

mkoba

چەواڵ

kikasha cha penseli

جانتای پێنووس

penseli

پێنووس

kichonga penseli

تیژکەرەوەی پێنووس

mpira

ڕەشکەرەوە

pedi ya kuchora

پەدی نیگارکێشان

2

uchoraji

نیگارکێشان

brashi ya rangi

فڵچەی ڕەنگ

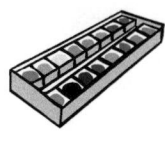

sanduku la rangi

قوتووی ڕەنگ

mkasi

مەقەست

gundi

چەسپ، کەتیرە

daftari

کتێبی ڕاهێنان

kazi ya nyumbani

کاری ماڵەوە

12

nambari

ژمارە

2+2

jumlisha

زیدەکردن

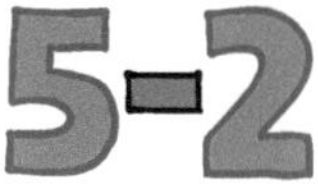

5-2

ondoa

کەمکردن

2×2

zidisha

لێکدان

kokotoa

حسابکردن، ژماردن

A

barua

پیت

ABCDEFG
HIJKLMN
OPQRSTU
VWXYZ

alfabeti

ئەلفوبێ

neno

وشە

maandishi

نووسراوە، دەق

kusoma

خوێندنەوە

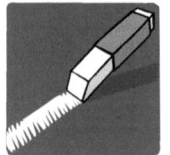

chaki

گەچ

somo

خول، دەرس

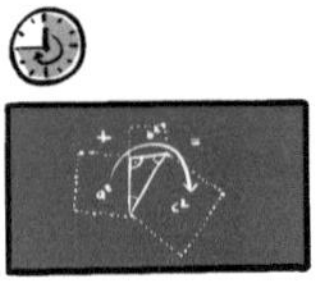

sajili

تۆمارکردن

uchunguzi

ئەزموون، تاقیکردنەوە

cheti

بڕوانامە

sare za shule

جلی قوتابخانە

elimu

پەروەردە

elezo

زانیاری نامە

chuo kikuu

زانکۆ

darubini

میکرۆسکۆپ

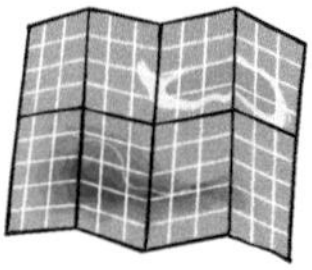

ramani

خەریتە، نەخشە

kikapu cha kuweka karatasi chafu

سەبەتەی کاغەز

hoteli
میوانخانە، هۆتێل
hosteli
میوانخانە
ofisi ya ubadilishanaji
نووسینگەی گۆڕینەوەی دراو
sanduku
جانتا، ساک
gari
ئۆتۆمۆبیل

lugha
زمان

ndiyo / la
بەڵێ / نەخێر

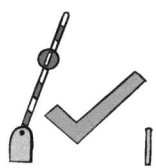

sawa
باشە

hujambo
سڵاو

mtafsiri
وەرگێڕی دەق

Asante
سپاس

kiasi gani ni ...?

بەچەندە ...؟

Sielewi

من تێناگەم

tatizo

کێشە

Jioni njema!

ئێوارە باش!

Habari za asubuhi!

بەیانی باش!

Usiku mwema!

شەو باش!

kwa heri

ماڵئاوا، بەخێرچی

mwelekeo

ئاراستە، ڕێڕەو

mizigo

جانتا

mfuko

جانتا

shanta

کۆڵەپشتی

mgeni

میوان

chumba

ژوور، دیو

begi la kulalia

کیسەخەو

hema

چادر، دەوار

taarifa ya utalii

زانیاری بۆ گەشتیار

ufuo

کەناراو

kadi

کارتی قەرز

kifunguakinywa

نانی بەیانی

chakula cha mchana

نانی نیوەڕۆ

chakula cha jioni

نانی شەو

tiketi

بلیت

kuinua

ئاسانسۆر

muhuri

پوول، تەمر

mpaka

سنوور

mila

گومرک

ubalozi

باڵوێزخانە

visa

ڤیزا

pasipoti

پاسەپۆرت

usafiri

گواستنەوە

ndege
فڕۆکە
meli
کەشتی
injini ya moto
مەکینەی ئاگرکوژێنەوە
lori
لۆری
basi
پاس
motaboti
بەلەمی ماتۆڕی
gari
ئۆتۆمۆبیل
baiskeli
دووچەرخە، پایسکڵ

feri
کەشتی گواستنەوە

mashua
بەلەمی ماتۆڕی

pikipiki
ماتۆڕ

gari la polisi
ئوتومبێلی پۆلیس

gari la mashindano
ئوتومبێلی پێشبڕکێ

gari la kukodisha
ئۆتۆمۆبیلی کرێ

kushiriki gari

ئۆتۆمۆبیل هاوبەشکردن

lori la kuvuta

لۆری ڕاکێشکردن

ukusanyaji taka

لۆری زبڵ

motor

ماتۆڕ

mafuta

سووتەمەنی

kituo cha mafuta

وێستگەی بەنزین

ishara trafiki

تابلۆی هاتووچۆ

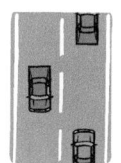

trafiki

هاتووچۆ

msongamano

ترافیک

maegesho

شوێنی ڕاگرتنی ئۆتۆمۆبیل

kituo cha treni

وێستگەی شەمەندەفەر

reli

هێڵی ئاسن

garimoshi

شەمەندەفەر

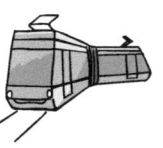

tremu

قەتاری سەرشەقام

gari la mizigo

داشقە

helikopta

هەلیکۆپتەر

uwanja wa ndege

فڕۆکەخانە

mnara

بورج

abiria

نەفەر

chombo

دەفر، کانتێنەر

katoni

کارتۆن

mkokoteni

داشقە

kikapu

سەوەتە

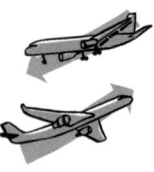

ondoka

هەڵفڕین / نیشتن

jiji

شار

kijiji

گوند، دێهات

katikati ya jiji

ناوەندی شار

nyumba

ماڵ، خانوو

sinema
سینەما
tangazo
ڕێکلام
CINEMA
taa za mitaani
چرای شەقام
barabara
شەقام
teksi
تاکسی
duka la vitafunio
کیوسک
mtembea kwa migu
پیادە
njia ya waenda kwa miguu
شوستە
kivuko
شوێنی پەڕینەوە
pipa
دەفری زبل
kuvuka
پەڕینەوەی بەردەباز
taa za trafiki
چرای ترافیک

kibanda

خانووچکە

gorofa

نهۆم، باڵەخانە

kituo cha treni

وێستگەی شەمەندەفەر

ukumbi wa mji

کۆشکی شارەوانی

MUSEUM

Makavazi

مۆزەخانە

shule

قوتابخانە

chuo kikuu

زانکۆ

benki

بانک

hospitali

نەخۆشخانە، خەستەخانە

hoteli

میوانخانە، هۆتێل

duka la dawa

دەرمانخانە

ofisi

نووسینگە، فەرمانگە

duka la kitabu

کتێبفرۆشی

duka

دووکان

duka la maua

گوڵفرۆشی

dukakuu

سوپەرمارکێت

soko

بازار

idara ya kuhifadhi

فرۆشگا

mwuza samaki

ماسیفرۆش

kituo cha ununuzi

ناوەندی کڕین

bandari

بەندەر

Hifadhi

پارک

benki

کورسی درێژ

daraja

پرد

vidato

پێ پیلکان

chini ya ardhi

ژێرزەوی

handaki

تۆنێل

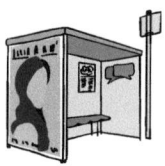

kituo cha mabasi

وێستگەی پاس

bar

مەیخانە

mgahawa

ڕێستۆرانت

sanduku la posta

سندووقی پۆست

ishara ya barabara

تابلۆی شەقام

mita ya maegesho

پێوەری پارکینگ

bustani ya wanyama

باخچەی ئاژەڵان

kidimbwi cha kuogelea

حەوزی مەلە

msikiti

مزگەوت

shamba

مەزرا

uchafuzi

پیسبوونی ژینگه

makaburini

قەبرستان، گۆڕستان

kanisa

کەنیسە

uwanja wa michezo

شوێنی یاری

hekalu

پەرستگا

---

mazingira

دیمەن

jani
گەڵا

ishara ya mwelekeo
تابلۆی ڕێنیشاندەر

njia
ڕێگا

malisho
مێرگ

jiwe
بەرد

mtembeaji wa masafa
شاخەوان

mti
دار

mto
ڕووبار، چەم

nyasi
گژوگیا

ua
گوڵ

bonde

دۆڵ، شیو

kilima

بەرزایی

ziwa

دەریاچە

msitu

دارستان

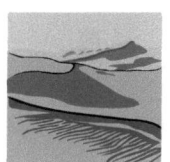

jangwa

چۆڵەوار

volkano

بورکان

ngome

قەڵا

upinde wa mvua

کۆلکەزێڕینە

uyoga

کارگ

mtende

دارخورما

mbu

مێشوولە

kuruka

مێشوولە

chungu

مێروولە

nyuki

مێش هەنگوین

buibui

جاڵجاڵووکە

mende

قالۆنچە

chura

بۆق

kuchakuro

سمۆرە

nungunungu

ژیشک

sungura

کەروێشکە کێوی

bundi

کوند

ndege

باڵەندە

swan

قازی سپی

nguruwe mwitu

بەرازی کێوی

kulungu

ئاسک

aina ya kongoni

بزنە کێوی

bwawa

بەنداو

tabo ya upepo

تۆربینی با

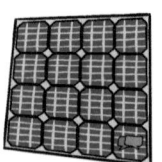

nishaji ya jua

پەڕمی خۆری

hali ya hewa

ئاووهەوا

mgahawa

ڕێستۆرانت

mhudumu
خزمەتکار
menyu
لیستە، پێڕست
kiti
کورسی
supu
سووپ، شۆرباو
piza
پیتزا
vilia
چەقۆ و چەتاڵ
kitambaa cha mezani
سفرە

kiamsha hamu

خواردنی دەستپێک

kozi kuu

خواردنی سەرەکی

kitindamlo

دێسێڕ

vinywaji

خواردنەوە

chakula

خواردن

chupa

بوتڵ

chakula cha haraka

خواردنی خێرا

Streetfood

خواردنی سەرشەقام

buli

قۆری

kisanduku cha sukari

قوتووی شەکر

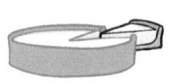

sehemu

بەش

mashine ya espresso

ئامێری سازکردنی قاوەی ئێسپرەسۆ

kiti kirefu

کورسی بەرز

muswada

تێچوو

trei

کەشەف

kisu

چەقۆ

uma

چنگاڵ

kijiko

کەوچک

kijiko cha chai

کەوچکی چا

nepi

دەسماڵ

glasi

لیوان، پەرداخ

18

mgahawa - ڕێستۆرانت

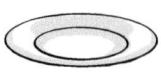

sahani

قاپ، دەوری، دەفر

sahani ya supu

قاپی شۆرباو

sufuria

ژێرپیاڵە

mchuzi

سۆس

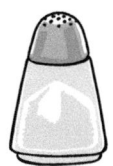

kichanyaji chumvi

خوێدان

kinu cha pilipili

هاڕەری بیبار

siki

سرکە

mafuta

ڕۆن

viungo

بەهارات

kechapu

دۆشاوی تەمات، سۆسی تەماتە

haradali

سۆسی موستارد

kachumbari nzito

سۆسی مایۆنێز

dukakuu

سوپەرمارکێت

ofa maalum
داشکاندنی تایبەتی
FOR
mteja
مشتەری
maziwa
toroli
داشقە
matunda
میوە

mchinjaji

دووکانی قەسابی

mwokaji

نانەواخانە

uzito

کێشان

mboga

سەوزی

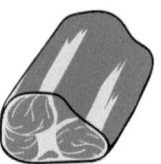

nyama

گۆشت

chakula waliohifadhiwa

خواردنی بەستوو

vipande vya nyama baridi

گۆشتی سارد

chakula cha kopo

خواردنی کۆنسێرو

sabuni ya unga

دەرمانی بشۆر

pipi

شیرینی

bidhaa za kaya

بەرهەمی خۆماڵی

bidhaa za kusafisha

بەرهەمی خاوێنکردنەوە

mtu mauzo

فرۆشیار

mpaka

ژمێرەر

keshia

ژمێریار، خەزندار

orodha ya manunuzi

لیستی کڕین

masaa ya ufunguzi

کاتی دەوام

mkoba

کیسەباخەڵ، جزدان

kadi

کارتی قەرز

mfuko

توورەکە، کیسە

mfuko wa plastiki

توورەکە

vinywaji

خواردنەوە

maji

ئاو

sharubati

شەربەت

maziwa

شیر

coke

خەڵووز

mvinyo

شەراب

bia

بیرە

pombe

ئەلکول

kakao

کاکاو

chai

چایی، چا

kahawa

قاوە

spreso

قاوەی ئێسپرەسۆ

kapuchino

کاپۆچینۆ

ndizi

مۆز

tufaha

سێو

machungwa

پرتەقاڵ

tikiti

کاڵەک

lemon

لیمۆ

karoti

گێزەر

kitunguu saumu

سیر

mianzi

حەیزەران

kitunguu

پیاز

uyoga

کارگ

karanga

سەموونە، گوێز، ناوکە

nudo

نوودڵ

spageti

ماکارۆنی

mpunga

برینج

saladi

زەلاتە

vibanzi

چپس

viazi vya kukaanga

پەتاتەی برژاو، پەتاتەی سوورۆکراو

piza

پیتزا

hambaga

هەمبرگێر

sandwichi

ساندویچ، دۆندرمە

kipande

پارچە گۆشت

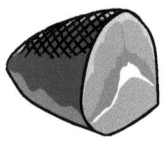

paja la mnyama

گۆشتی بەراز

salami

گۆشتی بەراز

soseji

سۆسیس

kuku

مریشک

choma

برژاندن، نرژان

samaki

ماسی

oats ya uji

شۆرباوی ساوار

muesli

دانەوێڵەی تێکەڵ

cornflakes

دانەی دانەوێڵە

unga

ئارد

kroisanti

کرۆسانت، نانێکی فەرەنسی

andazi

نانی خڕ

mkate

نان

mkate wa kubanika

نانی برژاو

biskuti

بسکیت

siagi

کەرە، ڕۆنی کەرە

maziwa mgando

سەرتوێژ، توێژ

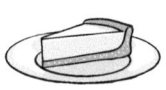

keki

کەیک

yai

هێلکە

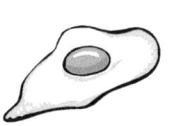

yai kukaanga

هێلکەی برژاو

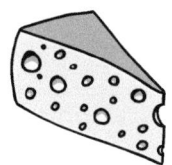

jibini

پەنیر

aiskrimu

بەستەنی، دۆندرمە

sukari

شەکر

asali

هەنگوین

jemu

مرەبا

kuenea kwa chokoleti

خامەی نۆگات

mchuzi wa viungo

بەهارات

shamba

مەزرا

nyumba ya kilimo
کۆخ (ماڵ لە مەزرا)
ghalani
تەویلە
majani bale
کڵۆشی کا
uwanja
مەزرا
farasi
trela
ماڵی سەفەری
trekta
تراکتۆر
mtoto
جوانوو
punda
kondoo
mwanakondoo
بەرخ

mbuzi

بزن

ng'ombe

مانگا

ndama

گوێلک

nguruwe

بەراز

mwananguruwe

فەرخە بەراز

fahali

جوانەگا

batabukini

قاز

bata

مراوی

kifaranga

جووچک

kuku

مریشک

jogoo

کەڵەشێر

panya

جرج

paka

پشیلە

panya

مشک

ng'ombe

گا

mbwa

سە، سەگ

nyumba ya mbwa

کونە سە

bomba la bustani

سۆندە

debe la kumwagilia maji

تونگەی ئاودان

fyekeo

ماڵەغان

kulima

گاسن

mundu

داس

jembe

مەرە

uma wa nyasi

شەنە

shoka

تەور

toroli

عارەبانەی دەستیی

kupitia nyimbo

دەفری خواردنی ئاژەڵان

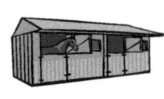

chombo cha maziwa

دەفری شیر

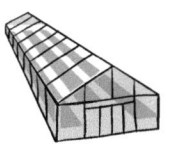

gunia

تەلیس

ua

پەرژین

imara

تەویلە

chafu

گوڵخانە

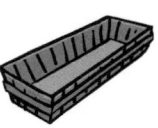

udongo

خۆڵ

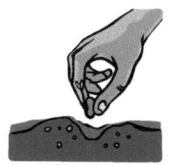

mbegu

دەنک، نۆک

mbolea

پەین

kivunaji

کۆمباین

mavuno

دروێنەکردن

mavuno

خەرمان

viazi vikuu

پەتاتە

ngano

گەنم

soya

لووبیا، فاسۆلیا

viazi

پەتاتە

mahindi

گەنمەشامی

rapa

جۆرێک دەخڵودان

mti wa matunda

داری بەری

muhogo

سێوبنەعەرزیلە

nafaka

دانەوێڵەی تێکەڵ

nyumba

ماڵ، خانوو

chimni
دووکەڵکێش
paa
سەربان
bomba la maji ya mvua
بۆری ناو
dirisha
پەنجەرە
gareji
گەراژ
kengele ya mlangoni
زەنگی دەرگا
mlango
دەرگا
pipa la taka
دەفری زبڵ
sanduku la barua
سندووقی نامە
bustani
باخ

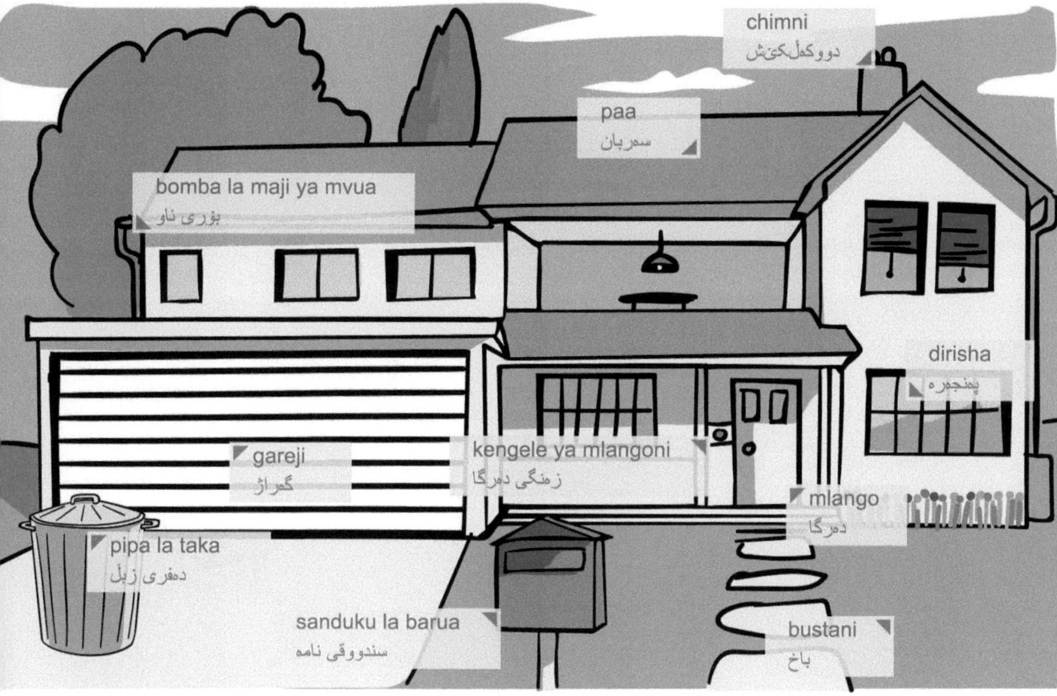

sebuleni

ژووری دانیشتن

bafu

حەمام، ئاودەستخانە

jikoni

چێشتخانە

chumba cha kulala

ژووی خەو

chumba ya mtoto

ژووری منداڵ

chumba cha kulia

ژووری نانخوارن

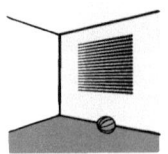

sakafu

دالان، ئەرز

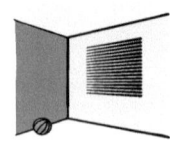

ukuta

دیوار

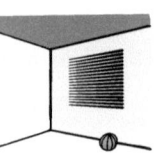

dari

بن میچ

pishi

ژێرزەمین

sauna

ساونا

roshani

باڵکۆن، هەیوان

mtaro

هەیوان

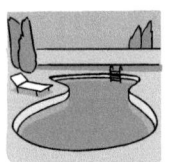

kidimbwi

حەوز، مەلەوانگە

mashine ya kukata nyasi

گژوگیابڕ

karatasi

مەلافە

kitambaa cha kupamba kitanda

مەلافەی نوێن

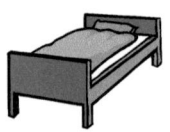

kitanda

پێخەف، نوێن

ufagio

گسک

ndoo

سەتڵ

kubadili

سویچ، کلیل

sebuleni

ژووری دانیشتن

mandhari
کاغەزی دیواری
picha
وێنە
taa
لامپ، چرا، گڵۆب
rafu
kabati
کۆمێد
televisheni/runinga
تەلەفیزیۆن
mekoni
ئاگردان
ua
گوڵ
mto
باڵەنج، سەرین
sofa
سۆفا
chombo cha maua
گوڵدان
kitenzambali
کۆنترۆڵ لە ڕێگەی دوور

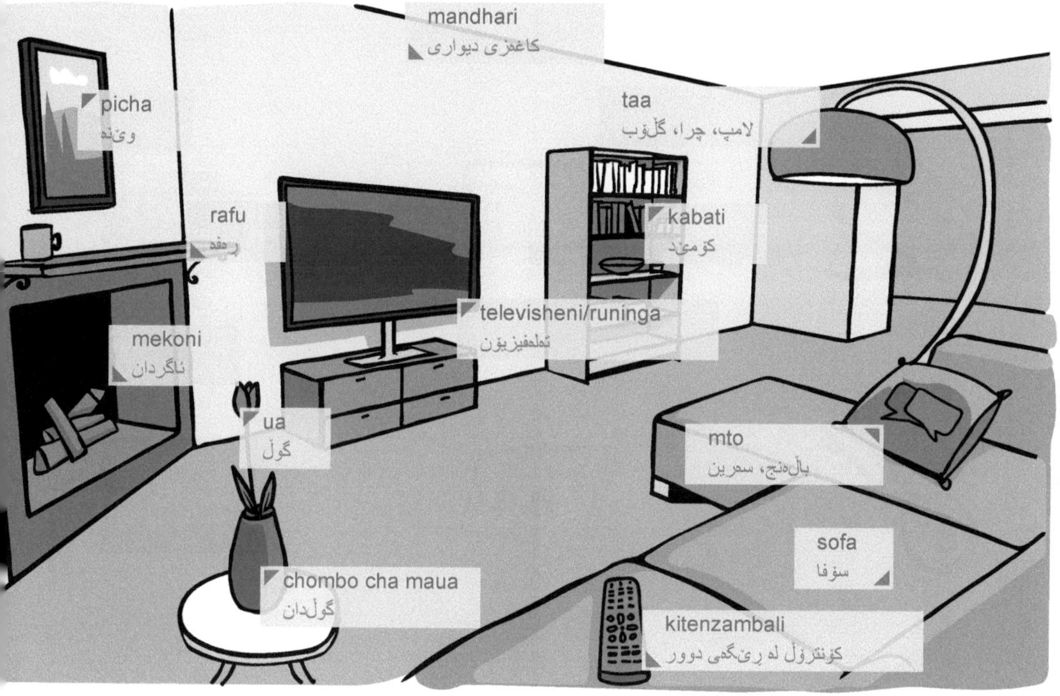

zulia

فەرش

pazia

پەردە

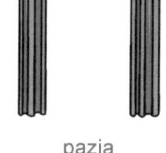

meza

مێز

kiti

کورسی

kiti cha bembea

کورسی ڕاژاندن

armchair

کورسی دەسکدار

kitabu

کتێب

blanketi

پەتوو، بەتانی

mapambo

ڕازاندنەوە

kuni

داری سووتاندن

filamu

فیلم

kifaa cha hi-fi

ستێریۆ

ufunguo

کلیل

gazeti

ڕۆژنامە

uchoraji

نیگار، نیگارکێشان

bango

پۆستەر

redio

ڕادیۆ

daftari

تیانووس

kifyonza

گسکی کارەبایی

dungusi kakati

کاکتووس

mshumaa

مۆم

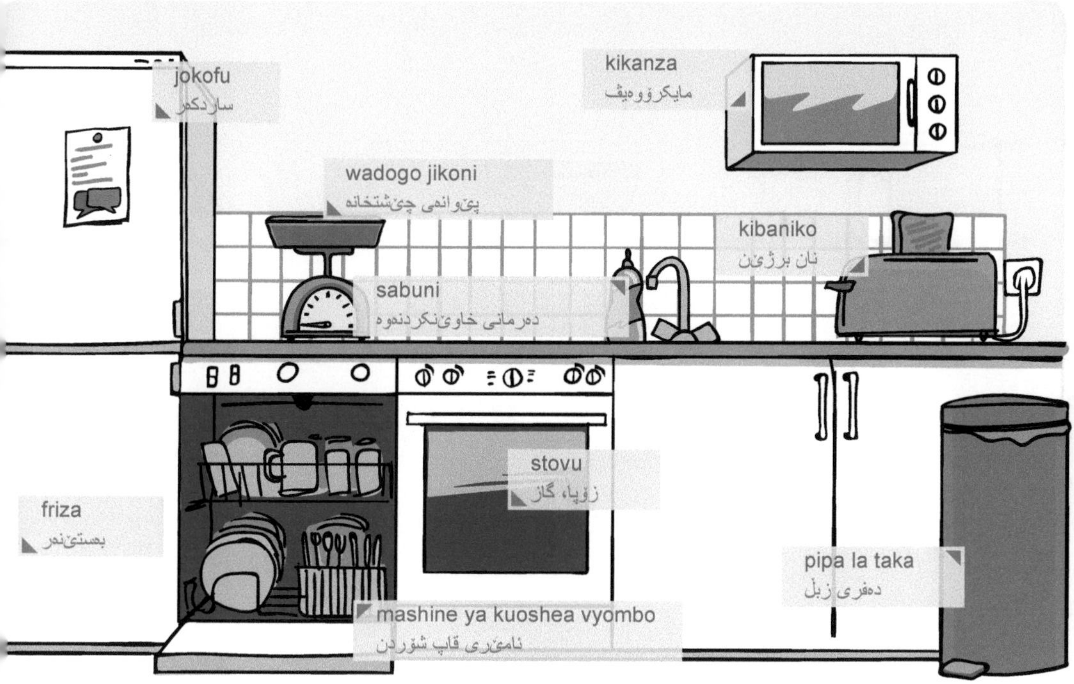

kikanza
مایکرۆوەیڤ

jokofu
ساردکەر

wadogo jikoni
پێوانەی چێشتخانە

kibaniko
نان برژێن

sabuni
دەرمانی خاوێنکردنەوە

friza
بەستێنەر

stovu
زۆیا، گاز

pipa la taka
دەفری زبڵ

mashine ya kuoshea vyombo
ئامێری قاپ شۆردن

jiko la kupika

چێشتلێنەر

chungu

مەنجەڵ

sufuria ya chuma

قاپی نوتوو

wok / kadai

تاوەی قوڵ

kaango

تاوە

birika

کتری، ناوگەمەکەر

stima

....

چێشتلێنەری هەڵمی

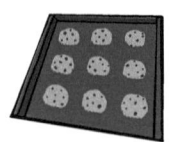

sinia ya kuoka

....

کمشەفی نانکردن

vyombo vya udongo

....

قاپ و قاچاغ

kombe

....

کوپ

bakuli

....

قاپ

vijiti vya kulia

....

چیلکەی نانخواردن

ukawa

....

ئەسکوێ

mwiko mpana

....

کەوگیر

burashi

....

گسک

kichujio

....

سووزمە

chujio

....

بێژنگ

mbuzi

....

ئامێری جنینی پەنیر و سەوزە

chokaa

....

دەستار

barbeque

....

برژاندن

moto wazi

....

ئاگر

ubao wa majaribio

تەختەی وردکردن

kijiti cha kusukuma unga

تیرۆک

kizibuo

بورغی فلین

kopo

قوتوو

inaweza kopo

قوتووکەرەوە

kishikio cha chungu

دەسرەی مەنجەڵ

karo

دەستشۆر

brashi

فڵچە

sifongo

ئیسفەنج

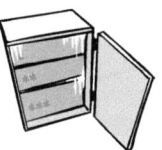

kisagaji matunda

تێکەڵکەر

friji ya kina

قەرەسی

chupa ya mtoto

شووشە شیر

bomba

شێری ئاو

bafu

حەمام، ئاودەستخانە

joto
زۆپا/گەرمکەر
mfereji wa kuogea
دووشی ئاو، خورژم
taulo
خاولی
pazia la kuogea
پەردەی حەمام
maji ya kuoga yenye povu
کەفی حەمام
hodhi
حەوزی حەمام
glasi
لیوان، پەرداخ
mashine ya kuosha
ئامێری دەفرشوتن
bomba
شێری ئاو
vigae
کاشی
poti
ئاودەستی منداڵان
karo
دەسشۆر

choo

ئاودەست، توالێت

choo cha squat

توالێتی نزم، ئاودەست

beseni la mviringo

جۆرێک توالێت

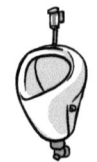

choo cha umma

توالێت، ئاودەست

shashi

کاغەزی ئاودەستخانە

brashi ya choo

فڵچەی ئاودەستخانە

mswaki

فڵچەی ددان

dawa ya meno

خەمیری ددان

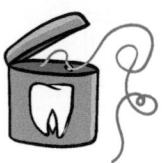

dawa ya meno

بەنی ددان

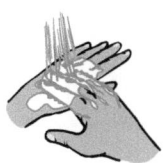

safisha

شۆردن، شوتن

kuoga mkono

خورژمی دەستی

msukumo wa maji

دووش

bonde

کاسەی دەستوچاوشوتن

mpako wa pili

فڵچەی پشت

sabuni

سابوون

jeli ya kuogea

جێڵی خۆشوتن

shampuu

شامپۆ

flana

فلانێل

toa maji

ئاوەڕۆ

krimu

کرێم

kiondoa harufu

بۆنخۆشکەرە

kioo

....

ئاوێنە

kioo mkono

....

ئاوێنەی دەستی

kinyozi

....

مەکینەی ڕیش تاشین

povu la kunyoa

....

سابوونی ڕیش تاشین

baada ya kunyoa

....

کرێمی دوای ڕیش تاشین

kichana

....

شانە

brashi

....

فڵچە

kikausha nywele

....

سێشوار، سەرئیشککەرەوە

marashi ya nyewele

....

سپرەی قژ

vipodozi

....

سووراوسپیاو

kidomwa

....

سووراو

varnish ya msumari

....

ڕەنگی نینۆک

pamba

....

لۆکە

mkasi wa kucha

....

مەقەستی نینۆک

manukato

....

عەتر

mkoba wa kuosha

کیسەی حەمام

kinyesi

کورسی بێ پشت

mizani

پێوەر

nguo ya kuoga

خاولی حەمام

glavu za mpira

دەستەوانەی چەرم

kisodo

تامپۆن

sodo

خاولی خاوێنکردنەوە

kemikali choo

ئاودەستی کیمیایی

chumba ya mtoto

ژووری منداڵ

saa ya kengele
سەعاتی زەنگدار
kidoli cha kupakata
gari bandia
ماشێنی یاری
kelele
chumba cha midoli
خانووی بووکەشووشە
sasa
دیاری

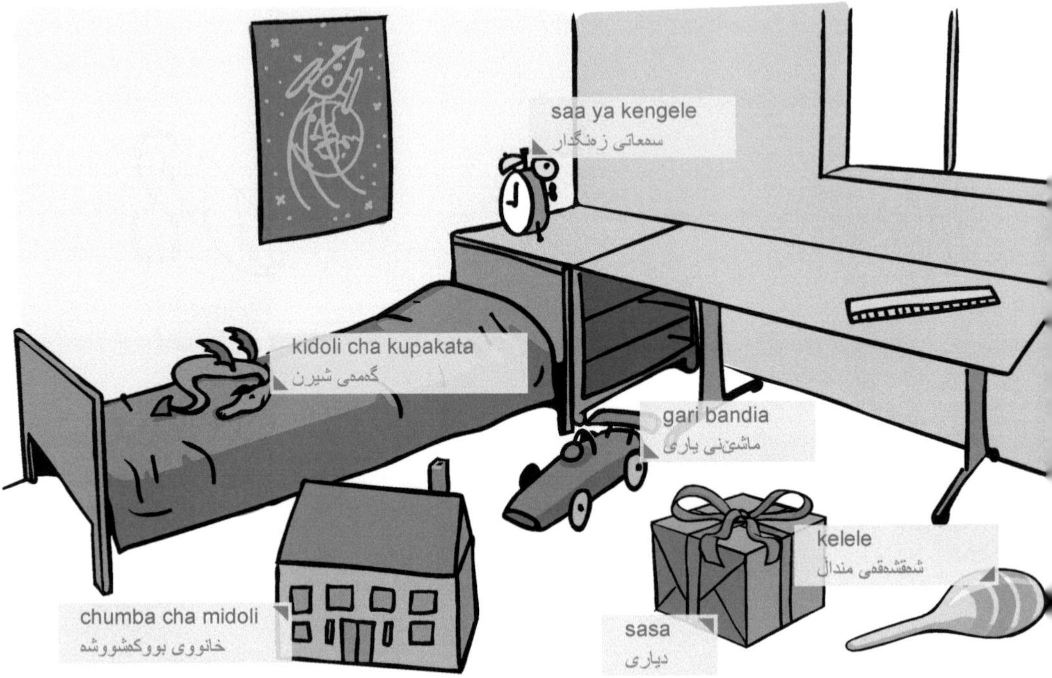

baluni

بالۆن

kitanda

پێخەف، نوێن

mashua

داشقەی منداڵ

staha ya kadi

گەمەی کارت

mchezo-fumb

مەتەڵ، مەتەڵۆک

vichekesho

کۆمێدی

matofali lego

خشتی لێگۆ

vitalu mwigo

خشتی یاری

hatua takwimu

بووکە شووشە

suti ya kulalia

جلی منداڵ

kisahani

یاری فریزبی

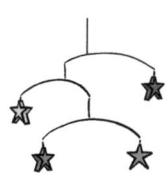

simu

بزۆک، جووڵێنراو

ubao wa michezo

یاری تەختە

kete

مۆرە

garimoshi mwigo

مۆدێلی شەمەندەفەر

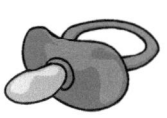

dummy

مەمکە مژە

chama

میوانی، جەژن

picha kitabu

کتێبی وێنەدار

mpira

تۆپ

kikaragosi

بووکەشووشە

kucheza

کایە کردن، یاری کردن

shimo la mchanga

....

قۆرتی خیزوخۆڵ

bembea

....

جۆلانە

vitu bandia

....

کایەی منداڵان، یاری منداڵان

kiweko cha video ya mchezo

....

گەمەی ویدیۆیی

baiskeli ya magurudumu

....

سێچەرخە

matatu

mwanasesere

....

ورچی یاری

kabati

....

کەنتۆر

nguo

جلوبەرگ

soksi

....

گۆرەوی

stokingi

....

گۆرەوی درێژ

kibano

....

گورەوی درێژ

skafu
mwavuli
fulana
کراس
ukanda
قایش، پشتێن
viatu
چەکمە، پۆتین
ndara
wakufunzi

malapa

پاپوچ

viatu

کەوش، پێڵاو

mabuti ya mpira

چەکمەی چەرم

suruali ya ndani

پانتۆڵی ژێرەوە

sidiria

ستیان، سوخمە

fulana

جلیسقە

mwili

جەستە، لەش

suruali

پانتۆڵ

dangirizi

پانتۆڵ

sketi

دامەن، تەنوورە

blauzi

کراس

shati

کراس

vuta

بلووز

sweta

بلووز

bleza

چاکەت

jaketi

چاکەت

koti

باڵتە

koti la mvua

بارانی

maleba

پۆشاک

gauni

کراسی ژنانە

mavazi ya harusi

جلی زەماوەند

suti

چاکەت و پانتۆڵ

vazi la usiku

جلی خەو

pajama

جلی خەو

sari

ساری

skafu

لەچکە

kilemba

جەمەدانە، سەرپێچ

burka

بۆرکا

kaftan

کەفتان

abaya

عەبا

vazi la kuogelea

جل و بەرگی مەلەکردن

vazi la kiume la kuogelea

پانتۆڵی مەلە

kaptura

پانتۆڵی کورت

teitei

جلوبەرگی ڕاهێنان

aproni

بەروانکە، بەرکوشە

glavu

دەستەوانە

kifungo

دوگمە

glasi

چاویلکە

bangili

بازنە

mkufu

ملوانکە

pete

ئەنگوستیلە

herini

گوارە

kofia

کڵاو

kiango cha koti

داری جل هەڵواسین

kofia

کڵاو

tai

بۆینباخ

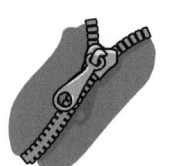

zipu

زیپ

kofia

کڵاوی پارێزەر

kanda za suruali

هەڵگر

sare za shule

جلی قوتابخانە

sare

یەکپۆش

bibu

بەرلیکە، بەرکۆشی منداڵ

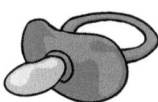

dummy

مەمکە مژە

nepi

دایبی، پەڕۆشۆر

ofisi

نووسینگە، فەرمانگە

seva
ڕاژە
kabati la kuweka faili
kichapishaji
چاپکەر
karatasi
کاغەز
kiwambo
مۆنیتۆر، پیشانگەر
dawati
مێزی نووسین
kipanya
ماوس
folda
بۆخچە
kibodi
تەختەکلیل
cha kuweka karatasi chafu
سەبەت
kiti
کورسی
kompyuta
کۆمپیوتەر

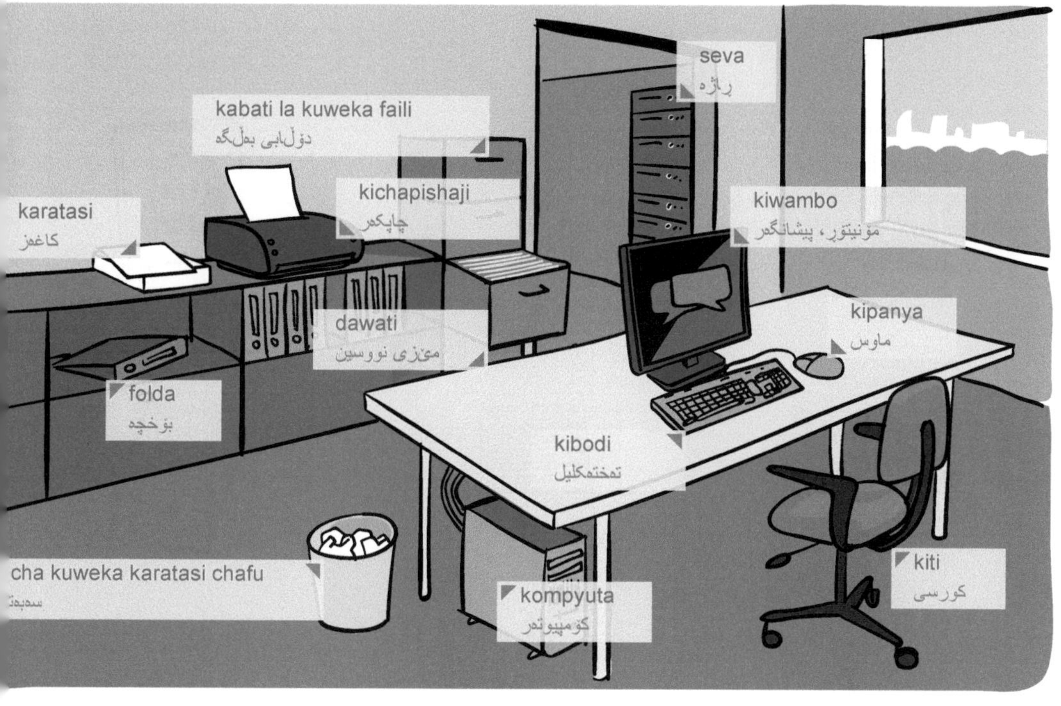

kmobe la kahawa

کۆپی قاوە

kikokotoo

ژمێرەر

biashara

ئینتەرنێت

mbali

لەپتۆپ

barua

نامە

ujumbe

پەیام

rununu

موبایل، تەلەفۆنی دەست

intaneti

تۆڕ

fotokopia

ئامێری لەبەرگرتنەوە، کۆپیکەر

programu

نەرمەکالا

simu

تەلەفۆن

soketi

ساکێتی دووشاخە

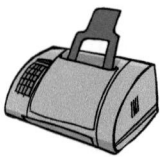

kipepesi

ئامێری فەکس

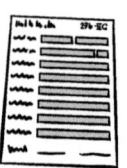

fomu

فۆرم

hati

بەڵگە

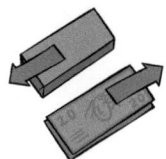

kununua

کڕین

kulipa

پارەدان

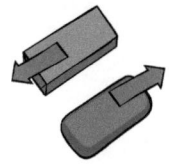

biashara

بازرگانی، ئاڵوگۆڕکردن

fedha

پارە، دراو

dola

دۆلار

yuro

یۆرۆ

yeni

یەن

rouble

ڕوبڵی ڕووسی

faranga ya Uswisi

فرانکی سویسی

renminbi yuan

یوان، یەکەی دراوی چینی

rupia

ڕووپییە

eneo la kulipia

مەکینەی پارە

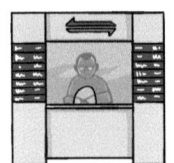

ofisi ya ubadilishanaji

نووسینگەی گۆڕینەوەی دراو

dhahabu

زێڕ

fedha

زیو

mafuta

نەوت

nishati

وزە

bei

بەها، نرخ

mkataba

ڕێکەوتننامە

kodi

باج

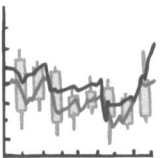

bidhaa

سەهام

kazi

کارکردن

mfanyakazi

کارمەند، کارکەر

mwajiri

خاوەنکار

kiwanda

کارخانە

duka

دووکان

kazi
ئیشەکان

afisa wa polisi
فەرمانبەری پولیس
mzimamoto
ئاگرکوژێنەر
mpishi
چێشتلێنەر
daktari
دکتۆر
rubani
فڕۆکەوان

mtunza bustani
باخەوان

seremala
دارتاش، مەرەنگوێز

mshonaji
خەییات

hakimu
دادوەر

mwanakemia
کیمیازان

muigizaji
شانۆگەر، شانۆکار

dereva wa basi

شۆفیری پاس

dereva wa teksi

شۆفیر تاکسی

mvuvi

ماسیگر

mwanamke wa kusafisha

کڵفەت

mwezekaji

وەستای سەربان

mhudumu

خزمەتکار

mwindaji

ڕاوچی

mchoraji

بۆیاخچی

mwokaji

نانکەر

umeme

کارەباچی

mjenzi

بەننا

mhandisi

ئەنازیار

mchinjaji

قەساب

fundi bomba

وەستای بۆری

mwanaposta

پۆستەچی

mwanajeshi

سەرباز

msanifu majengo

نەخشەکێش

keshia

ژمێریار، خەزەندار

muuza maua

گوڵفرۆش

msusi

ئارایشگەر

kondakta

گەیێنەر

mekanika

میکانیک

nahodha

کەشتیوان

daktari wa meno

ددانساز، دوکتوری ددان

mwanasayansi

زانا

rabbi

مەلای جوولەکان

imamu

ئیمام

mtawa

کەسی ئایینی

kasisi

قەشە

zana

ئامراز و کەرەستە

koleo
پلایز
nyundo
چەکووش
bisibisi
پێچبادەر
kurunzi
مەشخەڵ
spana

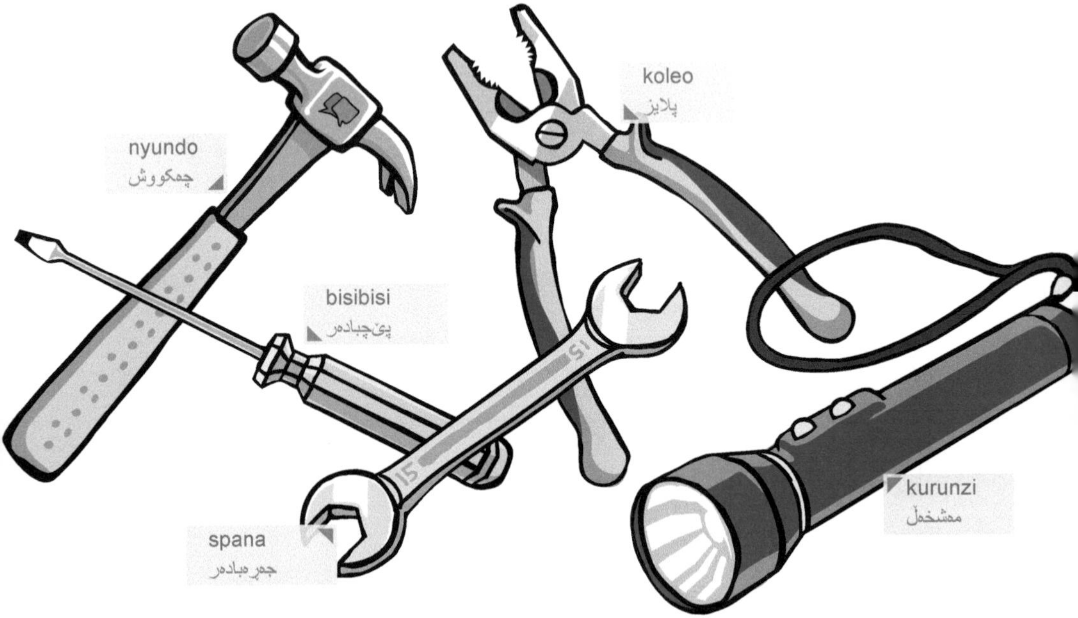

mchimbaji

شۆفڵ

sanduku la vifaa

سندووقی ئامراز

ngazi

پەیژە

msumeno

مشار

misumari

بزمارەکان

kuchimba visima

کونکەرە

kukarabati

چاککردنەوە

sepetu

پێمەرە

Lo!

نەفرەت!

kishikio cha uchafu

خاکەناز

chungu cha rangi

قتووی بۆیاخ

skurubu

پێچەکان، جەرەکان

ala za muziki

ئامێرەکانی مووزیک

spika
قسەکەر، بڵندگۆ
mpangilio wa ngoma
تاقمی تەپڵ
gita
گیتار
besi mara mbili
جۆری گیتار
tarumbeta

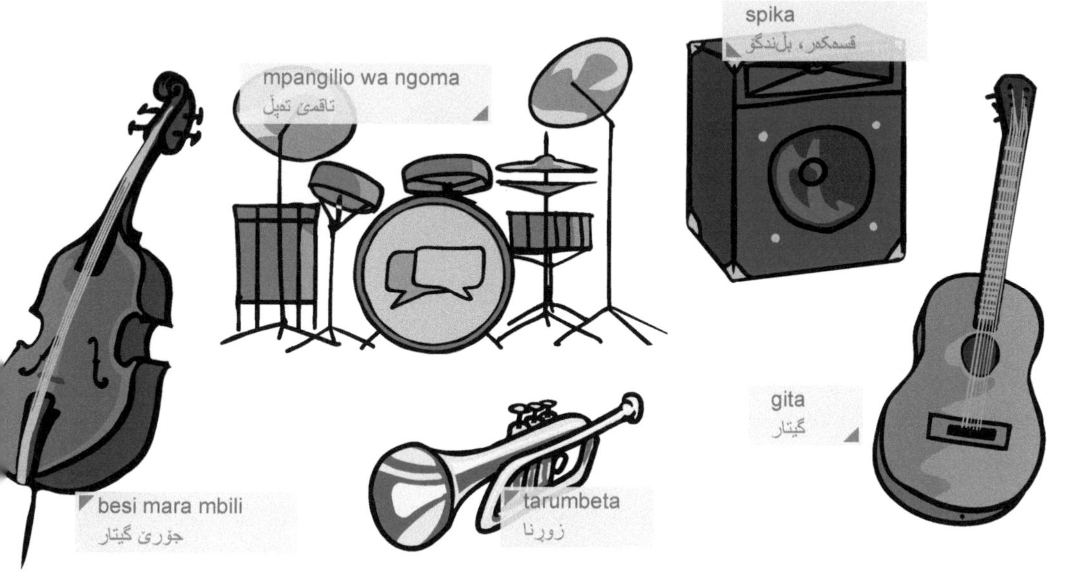

piano

پیانۆ

fidla

کەمانچە

ubeji

گیتار

timpani

دەهۆڵ

ngoma

تەپڵ

kibodi

تەختەکلیل

saksafoni

ساکسافۆن

filimbi

فلووت، شمشاڵ

maikrofoni

مایکرۆفۆن

bustani ya wanyama

باخچەی ئاژەڵان

simbamarara
ngome
قەفەز
pundamilia
کەرەکێوی
chakula cha mifugo
panda
ورچی پاندا
lango la kuingia
ئاڤدەر، دەروازە

wanyama

ئاژەڵەکان

tembo

فیل

kangaruu

کانگۆرۆ

kifaru

کەرکەدەن

sokwe

گۆریلا

dubu

ورچ

ngamia
....
وشتر

mbuni
....
وشترمریشک

simba
....
شێر

tumbili
....
مەیموون

heroe
....
فڵامینگۆ

kasuku
....
تووتی

dubu
....
ورچی جەمسەری

penguini
....
پێنگوین

papa
....
قرش، سەگەماسی

tausi
....
تاووس

nyoka
....
مار

mamba
....
تیمساح

mtunza wanyama
....
پارێزەری باخچەی ئاژەڵان

muhuri
....
سەگی دەریایی

jaguar
....
پڵینگ

mwanafarasi

ئەسپی قەزەم

chui

پشیلەی پڵینگی

kiboko

ئەسپی ئاوی

twiga

زەرافە

tai

هەڵۆ

nguruwe mwitu

بەرازی کێوی

samaki

ماسی

kobe

کیسەڵ

sili

واڵراس، ئاژەڵێکی دەریایی

mbweha

ڕێوی

paa

ئاسک

michezo

وەرزش

soka ya marekani
تۆپی پێی ئەمریکی
uendeshaji baiskeli
tenisi
تێنیس
mpira wa kikapu
تۆپی باسکە
kuogelea
مەلەکردن
magongo ya barafuni
هۆکی سەر سەهۆڵ
ndondi
بۆکسێن

soka

فووتبۆڵ

vinyoya

بەدمینتۆن

riadha

وەرزشوان

mpira wa mikono

هەندباڵ

skii

خلیسکێن

polo

پۆلۆ

cheka
پێکەنین
kuruka
بازکردن
kumbatia
لەباوەشگرتن، لەئامێزگرتن
kutembea
بەڕێداڕۆیشتن، پیاسەکردن
kuimba
گۆرانی خوێندن
ota ndoto
خەون دیتن، خەون بینین
kuomba
پاڕانەوە، نوێژکردن
busu
ماچکردن

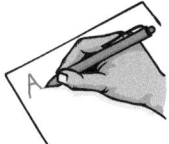

kuandika

نووسین

kuteka

وێنەکێشان

angalia

نیشاندان

sukuma

پاڵ پێوەنان

kutoa

دان

kuchukua

هەڵگرتن

kuwa

هەبوون

fanya

کردن

kuwa

بوون

kusimama

ڕاوەستان

kukimbia

هەڵاتن

vuta

کێشان

kutupa

هاویشتن

kuanguka

کەوتن

hadaa

درۆکردن

kusubiri

چاوەڕێبوون

kubeba

هەڵگرتن

kukaa

دانیشتن

vaa nguo

جل لەبەرکردن

usingizi

خەوتن

kuamka

لەخەو هەستان

kuangalia

چاولێکردن

lia

گریان

kiharusi

جەڵتەلێدان

chana nywele

قژداهێنان، شانەکردن

ongea

قسەکردن

kuelewa

تێگەیشتن

kuuliza

پرسیارکردن، پرسین

kusikiliza

گوێڕاگرتن

kunywa

خواردنەوە

kula

خواردن

nadhifisha

ڕێکوپێک کردن

upendo

خۆشویستن

mpishi

چێش لێنان

gari

شۆفێری کردن

kuruka

فڕین

meli

کەشتیوانی

kokotoa

حساب‌کردن، ژماردن

kusoma

خوێندنەوە

kujifunza

فێربوون

kazi

کارکردن

kuoa

زەماوەندکردن

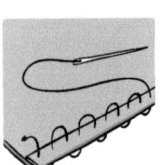

kushona

دورین، دورومانکردن

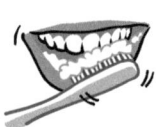

piga mswaki

فڵچە لەددان دان

kuua

کوشتن

moshi

جگەرەکێشان

kutuma

ناردن

familia

بنەماڵە

bibi
دایەگەورە
babu
باوەگەورە
baba
باوک، باب
mama
دایک
mtoto
منداڵی ساوا
binti
کچ
bin

mgeni
میوان

shangazi
پوور

mjomba
مام، خاڵ

kaka
برا

dada
خوشک

mwili

جەستە، لەش

paji la uso
ناوچاوان، توێڵ
jicho
چاو
uso
دەموچاو، ڕوومەت
kidevu
چەنە
kidole
قامک
mkono
دەست
matiti
سنگ
mkono
باسک، قۆڵ
bega
شان
mguu
لاق

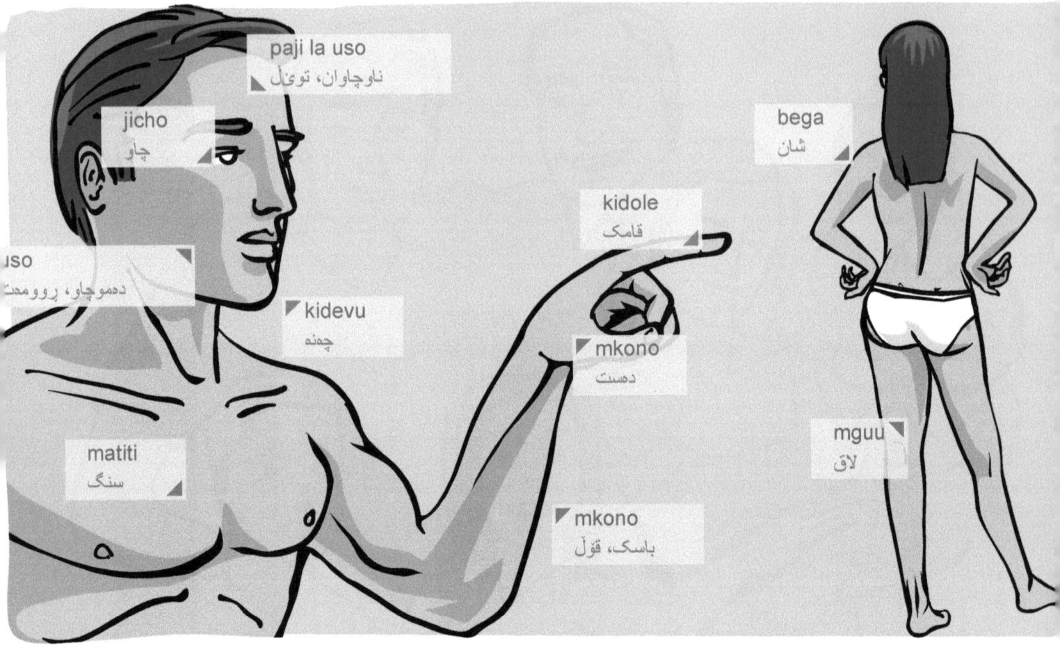

mtoto

منداڵی ساوا

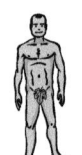

mwanamume

پیاو

mwanamke

ژن

msichana

کچ

mvulana

کوڕ

kichwa

سەر

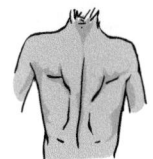

nyuma

پشت

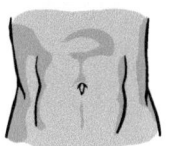

tumbo

زگ

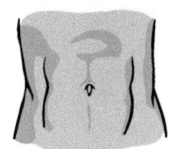

kitovu

ناوک

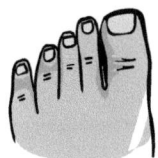

chano

قامکی پێ

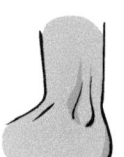

kisigino

پاژنەی پێ

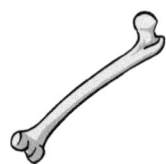

mfupa

ئێسقان، ئێسک

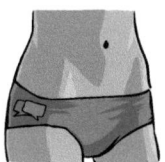

nyonga

سمت

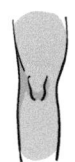

goti

ئەژنۆ

kiwiko

ئانیشک

pua

لووت

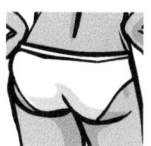

chini

قوون

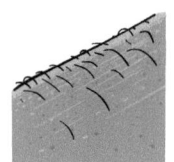

ngozi

پێست

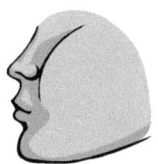

shavu

گوپ

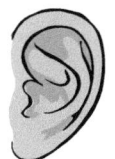

sikio

گوێ

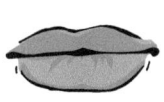

mdomo

لێو

kinywa
....
دەم، زار

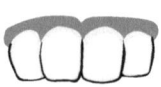

jino
....
ددان

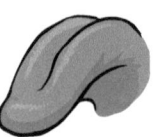

ulimi
....
زمان

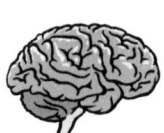

ubongo
....
مێشک

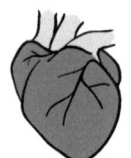

moyo
....
دڵ

misuli
....
ماسوولکە

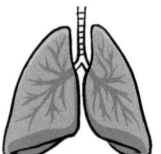

pafu
....
سیپەلاک، سی

ini
....
جەرگ

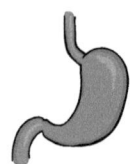

tumbo
....
گەدە

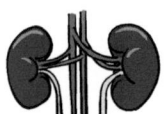

figo
....
گورچیلە

jinsia
....
سێکس

kondomu
....
کۆندۆم

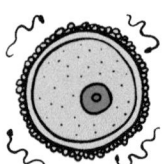

ovari
....
توو، گەرا

shahawa
....
تۆو

mimba
....
دووگیانی

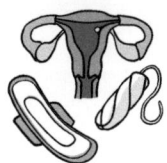

hedhi

کەوتنە سەر خوێن

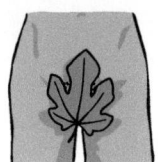

uke

زێ

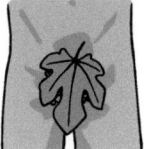

uume

کێر

unyusi

برۆ

nywele

قژ

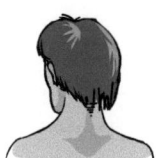

shingo

مل

hospitali

نەخۆشخانە، خەستەخانە

hospitali
نەخۆشخانە، خەستەخانە
gari la wagonjwa
ئامبولانس
kiti cha magurudumu
کورسی کەمئەندامان
jeraha
شکانی ئێسک

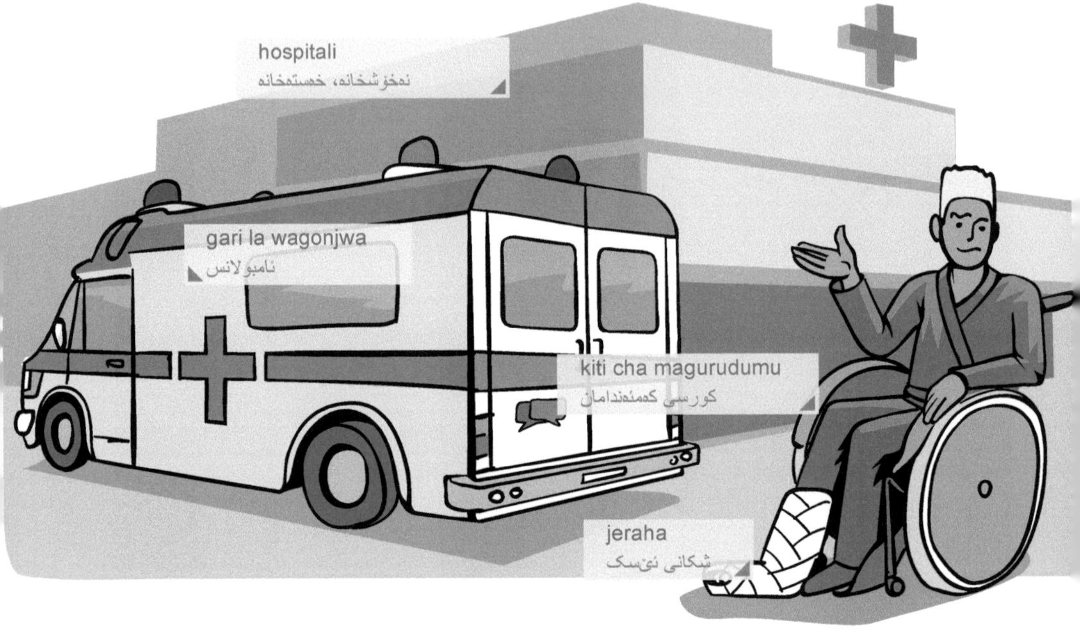

daktari

دکتۆر

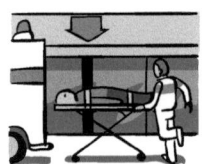

chumba cha dharura

ژووری فریاکەوتن

muuguzi

نەخۆشوان

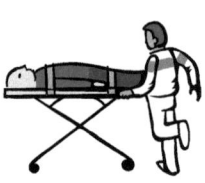

dharura

ئورژانس، بەشی فریاکەوتن

kupoteza fahamu

بێهۆش

maumivu

ژان، ئێش

72 hospitali - نەخۆشخانە، خەستەخانە

kuumia

بریینداری

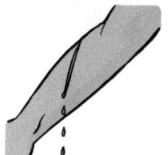

kutokwa na damu

خوێنڕێژی

mshtuko wa moyo

جەڵتەی دڵ

kiharusi

جەڵتە

mzio

ئالێرژی، هەستیاری

kikohozi

کۆخە

homa

تا

mafua

ئەنفلۆنزا

kuharisha

زگچوون

maumivu ya kichwa

سەرێشە، ژانەسەر

kansa

سەرەتان

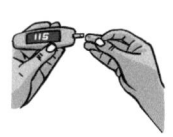

ugonjwa wa kisukari

شەکرە

daktari mpasuaji

نەشتەرگەر

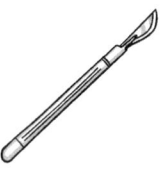

kisu kidogo cha kupasulia

نەشتەر، چەقۆی توێکاری

operesheni

نەشتەرگەری

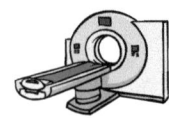

picha changanufu ya mwili

CT

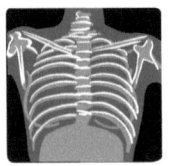

Eksrei

تیشکی ئێکس

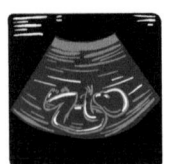

mawimbi sauti

ئوڵتراساوند

barakoa ya uso

ماسکی ڕوومەت

ugonjwa

نەخۆشی

chumba cha kusubiri

ژووری چاوەڕێبوون

mkongojo

گۆچان

plasta

مشەما

bendeji

برین پێچ

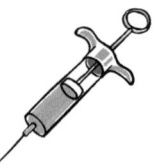

sindano

دەرزی لێدان

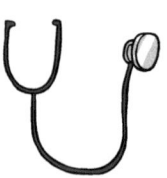

stetoskopu

بیستۆکی پزیشک

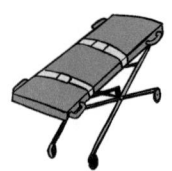

machela

داربەست

kipimajoto cha kliniki

گەرماپێوی کلینیکی

kuzaliwa

لەدایکبوون

unene kupita kiasi

زیادەکێشد/قەڵەویی

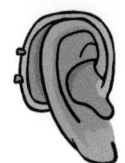

kusikia misaada

....

بیستۆک

kipukusi

....

میکرۆبکوژ

maambukizi

....

چڵک

virusi

....

ویروس

VVU / UKIMWI

....

ئەیدز

dawa

....

دەرمان

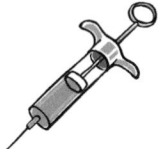

chanjo

....

کوتان

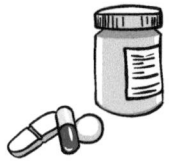

vidonge

....

حەب

kidonge

....

حەب

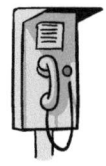

simu ya dharura

....

تەلەفۆنی فریاکەوتن

haemodainamometa

....

پیشانگەری پەستانی خوێن

mgonjwa / mwenye afya

....

نەخۆش / سڵامەت

dharura

ئورژانس، بەشی فریاکەوتن

Msaada!

یارمەتی!

kengele

ئاگادارکردنەوە، ئەلارم

pigo

دەستدرێژی

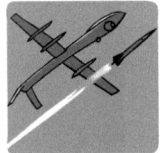

shambulizi

هێرشکردن

hatari

مەترسی

lango la dharura

چوونەدەرەوەی ئورژانس

Moto!

ئاگر!

kizima moto

ئاگرکوژێنەوە

ajali

ڕووداو، پێشهات

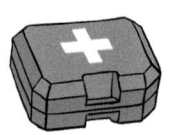

vifaa vya huduma ya kwanza

قوتووی یارمەتی فریاکەوتن

wito wa msaada

SOS

polisi

پولیس

Ulaya

ئەوروپا

Amerika ya Kaskazini

ئەمریکای باکوور

Amerika ya Kusini

ئەمریکاری باشوور

Afrika

ئافریقا

Asia

ئاسیا

Australia

ئوسترالیا

Atlantiki

ئەتڵەسی، ئۆقیانووسی ئەتڵەسی

Pasifiki

زەریای هێمن

Bahari ya Hindi

ئۆقیانووسی هیندی

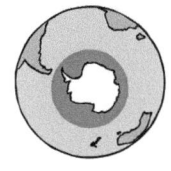

Bahari ya Antaktiki

ئۆقیانووسی جەمسەری باشوور

Bahari ya Aktiki

ئۆقیانووسی جەمسەری باکوور

Ncha ya Kaskazini

جەمسەری باکوور

Ncha ya Kusini

جەمسەری باشوور

Antaktika

ناوچەی جەمسەری باشوور

dunia

ئەرز، زەوی

nchi

خاک، وشكانی

bahari

دەریا، زەریا

kisiwa

دوورگە

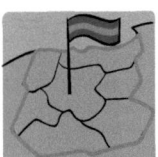

taifa

گەل، نەتەوە

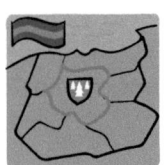

jimbo

وڵات، پارێزگا، دەوڵەت

ئەرز، زەوی - **dunia**

uso wa saa

روخساری کاتژمێر

akrabu ya saa

نیشاندەری کاتژمێر

akrabu ya dakika

نیشاندەری خولەک

akrabu ya sekunde

دەستی دوو

Ni saa ngapi?

کاتژمێر چەندە؟، سەعات چەندە؟

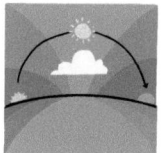

siku

ڕۆژ

wakati

کات، زەمان

sasa

ئێستا، هەنووکە

saa ya dijitali

کاتژمێری دیجیتاڵی

dakika

خولەک

saa

کاتژمێر

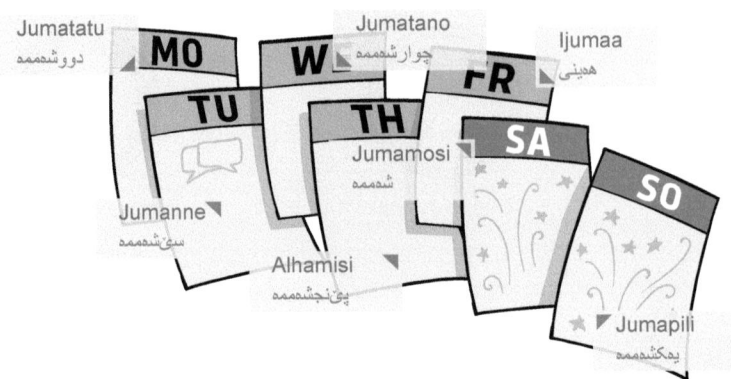

wiki

هەفتە

MO
TU
W
TH
FR
SA
SO
Jumatatu
دووشەممە
Jumanne
سێشەممە
Jumatano
چوارشەممە
Alhamisi
پێنجشەممە
Ijumaa
هەینی
Jumamosi
شەممە
Jumapili
یەکشەممە

jana
....
دوێنێ

leo
....
ئەمڕۆ، ئەورۆ

kesho
....
سبەینێ

asubuhi
....
بەیانی

saa sita mchana
....
نیوەڕۆ

jioni
....
ئێوارە

siku za biashara
....
ڕۆژی کار

mwishoni mwa wiki
....
کۆتایی هەفتە

mwaka

ساڵ

mvua
باران
upinde wa mvua
کۆلکەزێرینە
upepo
بازکردن
theluji
بەفر
majira ya machipuko
بەهار
vuli
پاییز
kiangazi
هاوین
majira ya baridi
زستان

4.APRIL 11°
5.APRIL 4°
6.APRIL 13°
7.APRIL 8°
8.APRIL 10°

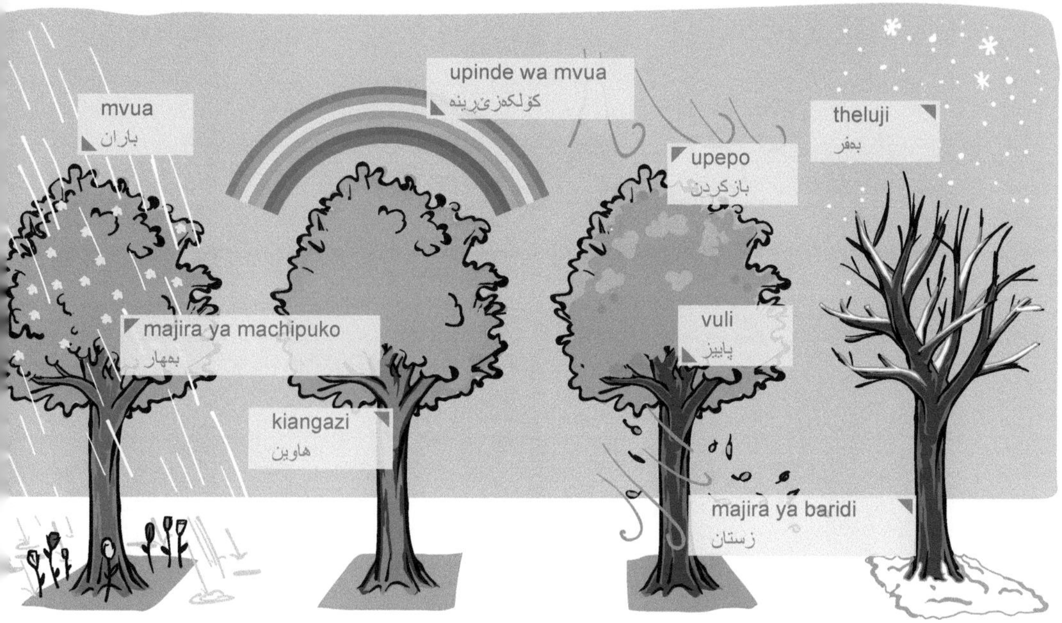

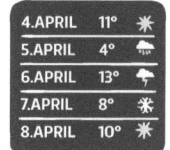

utabiri wa hali ya hewa

پێشبینی هەوا

F C
120 40
90 30
60 20
30 10
0 0
-30 -10
-20

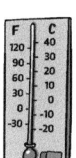

kipimajoto

گەرماپێو

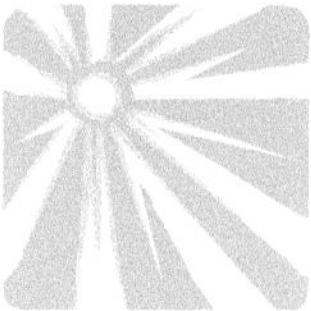

mwanga wa jua

خۆرەتاو

wingu

هەور

ukungu

تەمومژ

unyevu

تەڕایی

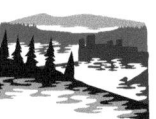

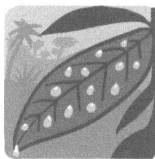

umeme
....
هەورەتریشقە، بروسکە

radi
....
هەورەگرمە

dhoruba
....
باوبۆران، تۆفان

mvua ya mawe
....
تەرزە

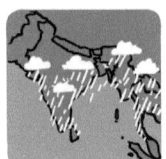

monsuni
....
مانسوون

mafuriko
....
لافاو

barafu
....
سەهۆڵ

Januari
....
جانیوەری

Februari
....
فێبریوەری

Machi
....
مارچ

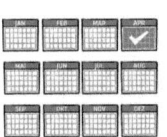

Aprili
....
ئەپریل

Mei
....
مەی

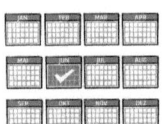

Juni
....
جوون

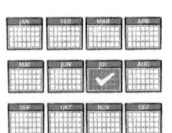

Julai
....
جوولای

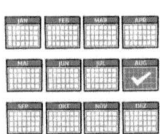

Agosti
....
ئۆگوست

Septemba

سێپتەمبەر

Oktoba

ئۆکتۆبەر

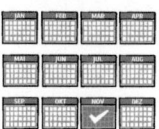

Novemba

نۆڤەمبەر

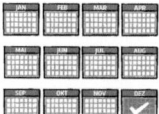

Desemba

دیسەمبەر

maumbo

شێوەکان

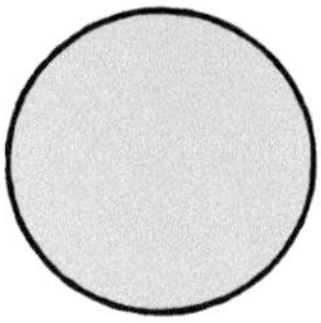

mduara

بازنە

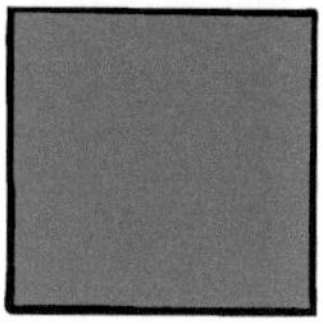

mraba

چوارگۆشە

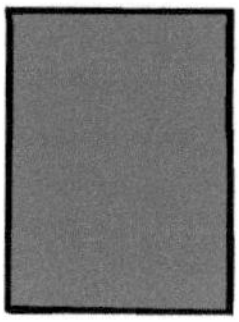

mstatili

چوارگۆشەی درێژ

pembetatu

سێگۆشە

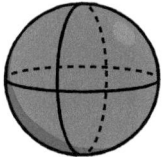

nyanja

تۆپ، گۆ

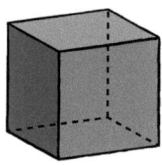

mchemraba

خشتەک

rangi

ڕەنگەکان

nyeupe

سپی

manjano

زەرد

chungwa

پرتەقاڵیی

rangi ya waridi

پەمەیی

nyekundu

سوور

hudhurungi

بنەوش

bluu

شین

kijani

سەوز

hanja

قاوەیی

jivujivu

بۆر

nyeusi

ڕەش

kinyume
دژبەرەکان

mengi / kidogo

زۆر / کەم

hasira / pole

توورە / لەسەرەخۆ

nzuri / mbaya

جوان / ناحەز

mwanzo / mwisho

سەرەتا / کۆتایی

kubwa / ndogo

گەورە / چکۆلە

angavu / giza

ڕووناک / تاریک

kaka / dada

برا / خوشک

safi / chafu

خاوێن / چڵکن

kamilika / tokamilika

تەواو / ناتەواو

siku / usiku

ڕۆژ / شەو

wafu / hai

مردوو / زیندوو

pana / nyembamba

پان / تەنگ

kulika / kutolika

خۆش / ناخۆش

ovu / ema

نەگریس / بەبەزەیی

sisimkwa / udhika

وروژاو / بێزار

nene / nyembamba

قەڵەو / لاواز

kwanza / mwisho

یەکەم / ئاخر

rafiki / adui

دۆست / دوژمن

jaa / tupu

پڕ / خاڵی

ngumu / laini

ڕەق / نەرم

nzito / nyepesi

قورس / سووک

njaa / kiu

برسی / تینوو

mgonjwa / mwenye afya

نەخۆش / سڵامەت

haramu / kisheria

نایاسایی / یاسایی

akili / kijinga

زیرەک / گەمژە

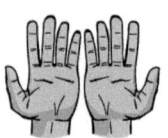

kushoto / kulia

چەپ / ڕاست

karibu / mbali

نزیک / دوور

mpya / kutumika

نوێ / کۆن، بەکارهاتوو

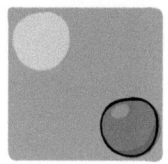

kitu / jambo

هیچ شتێک / شتێک

zee / changa

پیر / لاو

waka / zima

هەڵکراو / کوژاوە

wazi / fungwa

کراوە / داخراو

utulivu / kelele

بێدەنگ / دەنگی بەرز

tajiri / masikini

دەوڵەمەند / هەژار

sahihi / kosa

ڕاست / هەڵە

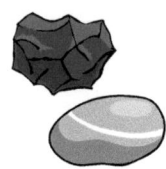

mbaya / laini

زبر / ساف

huzunika / furahia

خەمین / خۆشحاڵ

fupi /ndefu

کورت/ درێژ

polepole / haraka

هێواش / خێرا

nyevu / kavu

تەڕ / وشک

joto / baridi

گەرم / فێنک

vita / amani

شەڕ / ئاشتی

nambari

ژمارەکان

0

sufuri

سیفر

1

moja

یەک

2

mbili

دوو

3

tatu

سێ

4

nne

چوار

5

tano

پێنج

6

sita

شەش

7

saba

حەوت

8

nane

هەشت

9

tisa

نۆ

10

kumi

دە

11

kumi na moja

یازدە

12

kumi na mbili

دوازده

13

kumi na tatu

سێزده

14

kumi na nne

چوارده

15

kumi na tano

پازده، پانزه

16

kumi na sita

شازده

17

kumi na saba

حەفده

18

kumi na nane

هەژده

19

kumi na tisa

نۆزده

20

ishirini

بیست

100

mia

سەد

1.000

elfu

هەزار

1.000.000

milioni

میلیۆن

lugha

زمانەکان

Kiingereza

ئینگلیزی

Kiingereza cha Marekani

ئینگلیزی ئەمەریکی

Kimandarini cha Uchina

چینی ماندارین

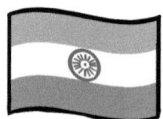

Kihindi

هیندی

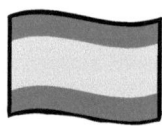

Kihispania

ئیسپانی

Kifaransa

فەرەنسی

Kiarabu

عەرەبی

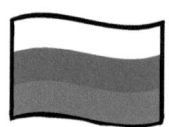

Kirusi

ڕووسی

Kireno

پۆرتوگالی

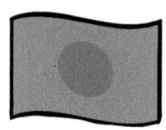

Kibengali

بەنگالی

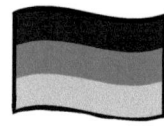

Kijerumani

ئاڵمانی

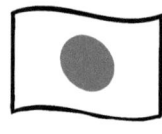

Kijapani

ژاپۆنی

ambao / nini / jinsi

کێ / چی / چۆن

mimi

من

wewe

تۆ

yeye / yeye / ni

ئەو

sisi

ئێمە

wewe

ئێوە

wao

ئەوان

nani?

کێ؟

nini?

چی؟

jinsi gani?

چۆن؟

wapi?

لەکوێ؟

lini?

کەنگێ؟ کەی؟

jina

ناو

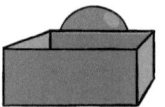

wapi
شوێن

nyuma

لەپشت

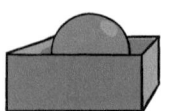

katika

لە

mbele ya

لەپێش

juu ya

سەری

kwenye

لەسەر

chini ya

ژێر

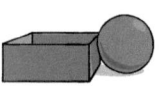

kando

لە تەنیشت

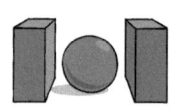

kati

لەنێوان

mahali

شوێن، جێ